AF227165

Oo
1196

SAINT PASCAL BAYLON

*Patron des Congrès
et Associations eucharistiques*

Quelques Fleurs Séraphiques

Prix : 20 centimes

Se trouve chez les Sœurs Franciscaines,
36, rue de la Teste, Bordeaux.

SAINT PASCAL BAYLON

*Patron des Congrès
et Associations eucharistiques*

Quelques Fleurs Séraphiques

Se trouve chez les Sœurs Franciscaines,
36, rue de la Teste, Bordeaux.

SAINT PASCAL BAYLON

DE L'ORDRE DES FRÈRES MINEURS
PATRON DES CONGRÈS ET ŒUVRES EUCHARISTIQUES

IMPRIMATUR.

Pictavii, die 28 januarii 1808.

† HENRICUS, *Ep. Pictaviensis.*

IMPRIMATUR.

Fr. OTHON DE PAVIE,

*Min. Prov. des Frères Mineurs de Saint-
Louis Evêque en Aquitaine.*

LETTRE

DU SOUVERAIN PONTIFE

sur les Congrès et Associations eucharistiques

———

LÉON XIII, Pape

POUR PERPÉTUELLE MÉMOIRE

Le Dieu de toute providence, en organisant le monde d'une main forte et douce à la fois, a entouré son Église d'une sollicitude toute spéciale, de

———

LEO PP. XIII

AD PERPETUAM REI MEMORIAM

Providentissimus Deus fortiter suaviterque disponens omnia, singu-

telle sorte qu'aux moments qui paraissent les plus critiques, il tire pour elle, de la dureté même des temps, des consolations inespérées. Ce fait, maintes fois constaté, peut être plus nettement que jamais remarqué dans les circonstances que traversent actuellement la religion et la société. Alors, en effet, que les ennemis de l'ordre commun se montrent de jour en jour plus audacieux, s'efforcent, par des attaques quotidiennes et très vigoureuses, de tuer la foi chrétienne et de bouleverser la société tout entière, la Bonté divine se plaît à opposer à ces flots soulevés les remparts d'admirables manifestations de piété.

Cela est clairement prouvé par l'extension qu'a prise la dévotion au très saint Cœur de Jésus ; par l'ardeur avec laquelle, dans tout l'univers, on travaille à promouvoir le culte de Marie ; par les hon-

lari quadam cura Ecclesiae suae ita prospexit, ut quum inclinatae maxime res viderentur, ex ipsa temporum acerbitate insperata eidem solatia suscitaret. Id, quum saepe alias, tum potissimum videre licet his rei christianae ac civilis temporibus. Quum enim communis tranquillitatis osores, insolentius se in dies efferentes, quotidiano impetu eoque validissimo adnitantur Christi fidem omnemque paene societatem evertere, placuit divinae bonitati his rerum fluctibus praeclara studia pietatis obiicere. Quod quidem plane declarant et sanctissimi Cordis Jesu longe lateque propagata religio, et excitatus ardor ubique terrarum provehendi cultus Marialis, et inclyti eiusdem Deiparae Sponsi adaucti honores, et catholicorum coetus in vario rerum genere ad omnemque fidei defensionem parati, aliaque complura promovendo divino honori et

neurs dont est l'objet l'illustre époux de la Mère de Dieu ; par les réunions de divers genres qu'organisent les catholiques pour défendre leur foi de toute manière ; enfin, par beaucoup d'institutions que l'on fonde ou auxquelles on donne un nouvel essor, et qui tendent à la gloire de Dieu, ou à l'accroissement de la charité mutuelle des chrétiens.

Bien que toutes ces manifestations causent à Notre cœur une joie très douce, Nous pensons que la souveraine grâce qui Nous a été accordée par Dieu consiste dans les progrès que la dévotion envers le sacrement de l'Eucharistie a faits parmi les peuples fidèles, à la suite des célèbres congrès qui ont été, à cette fin, tenus ces temps-ci.

Ainsi que Nous l'avons déclaré ailleurs, pour animer les catholiques à professer vigoureusement leur foi et à pratiquer les vertus qui conviennent

---

mutuae caritati fovendae, sive amplificata, sive primum invecta. Quae quidem omnia et si animum Nostrum suavissime alliciunt, nihilominus divinorum munerum summam hanc esse putamus, auctam in populis in Eucharistiae sacramentum religionem post habitos in eam rem coetus per haec tempora celeberrimos. Nihil enim efficacius videtur Nobis, quod alias significavimus, catholicorum animis excitandis tum ad fidem strenue profitendam, tum ad virtutes christiano nomine dignas exercendas, quam ut alantur et acuantur studia populi in admirabile illud amoris pignus quod pacis vinculum est atque unitatis. Quum igitur tanta res maximae Nobis curae sit, quemadmodum coetus eucharisticos saepe laudavimus, ita nunc uberiorum spe fructuum permoti, faciendum ducimus ut iis patronus caelestis assignetur ex sanctis caelitibus qui in

aux chrétiens, aucun moyen n'est plus efficace que celui qui consiste à nourrir et à augmenter la piété du peuple envers cet admirable gage d'amour qui est le lien de la paix et de l'unité.

Comme le sujet est très important et Nous tient fort à cœur, après avoir souvent loué les Congrès et les Associations eucharistiques, et mû par l'espoir de les voir produire des fruits plus abondants, Nous jugeons maintenant utile de leur assigner un patron céleste choisi entre les saints qui brûlèrent d'un plus ardent amour envers le très saint Sacrement de l'Eucharistie.

Or, parmi ceux dont la piété à l'égard de ce sublime mystère de la foi a paru se manifester avec la ferveur la plus ardente, Pascal Baylon tient le plus beau rang. Doué naturellement d'un goût très vif pour les choses célestes, après avoir saintement passé sa jeunesse dans la garde de son troupeau, il embrassa une vie plus sévère dans l'Ordre des Frères Mineurs de la stricte Observance, et mérita,

---

augustissimum Corporis Christi sacramentum vehementiore affectu flagrarunt. Inter eos vero, quorum ardor pietatis in praecelsum hoc fidei mysterium efferbuisse magis visus est, locum obtinet dignissimum PASCHALIS BAYLON. Qui animum sortitus rerum caelestium apprime studiosum, postquam adolescentiam in custodia gregis transegit innocentissime, severioris vitae institutum amplexus in Ordine Minorum strictioris Observantiae, eam ex contemplatione divini convivii meruit haurire

par ses méditations sur le festin eucharistique, d'acquérir une science telle, que cet homme, dépourvu de notions et d'aptitudes littéraires, devint capable de donner des réponses sur les matières de la foi les plus difficiles et d'écrire même des livres pieux. Publiquement, ouvertement, il professa, au milieu des hérétiques, la vérité de l'Eucharistie, ce qui lui attira de graves épreuves. Émule du martyr Tharsicius, il fut menacé plusieurs fois de la mort, qui avait été le partage de ce dernier. Enfin, l'affectueuse ardeur de sa piété parut se prolonger au delà de sa vie mortelle. On dit, en effet, que, pendant le service funèbre, Pascal Baylon, étendu dans son cercueil, ouvrit deux fois les yeux au moment des deux élévations.

Nous croyons donc que les Associations catholiques, dont Nous parlons, ne sauraient être confiées à un meilleur patronage. C'est pourquoi, de même que Nous recommandons, assez naturellement, la jeunesse studieuse à saint Thomas; les associa-

---

scientiam, ut rudis ac litterarum expers potuerit et de rebus fidei difficillimis respondere et pios etiam libros conscribere. Idem Eucharistiae veritatem publice palamque professus inter haereticos multa et gravia perpessus est, ac Tharsicii martyris aemulus, ad necem quoque crebro petitus. Eum denique pietatis affectum defunctus etiam retinere visus est : quippe iacens in feretro, ad duplicem sacrarum specierum elevationem, bis oculos dicitur reserasse.

tions charitables à saint Vincent de Paul ; les malades, ainsi que ceux qui s'attachent à les soulager, à saint Camille de Lellis et à saint Jean de Dieu ; de même, espérant que Notre décision tournera à l'intérêt et au bien de la chrétienté. Nous déclarons et constituons, de Notre autorité suprême, et par la vertu des présentes Lettres, saint Pascal Baylon comme Patron particulier des Congrès eucharistiques et de toutes les Associations qui ont pour objet la divine Eucharistie, tant de celles qui ont été constituées jusqu'à ce jour que de celles qui le seront dans l'avenir.

Nous formons des vœux pleins de confiance pour que les exemples et le patronage de ce Saint aient pour fruit l'augmentation du nombre de ceux qui, dans le peuple chrétien, rapportent chaque jour

---

Igitur apparet, coetus catholicorum, de quibus loquimur, nullius in tutela melius esse posse. Propterea qua ratione Thomae Aquinati cupidam litterarum iuventutem : Vincentio a Paulo consociationes caritatis causa initas ; Camillo de Lellis et Joanni de Deo aegrotos et quotquot aegrotis adiutandis dant operam, opportune commendavimus, ita, quod bonum faustumque sit et rei christianae benevertat, suprema auctoritate Nostra praesentium vi, sanctum Paschalem Baylon peculiarem coetuum eucharisticorum, item societatum omnium a sanctissima Eucharistia, sive quae hactenus institutae, sive quae in posterum futurae sunt, Patronum caelestem declaramus et constituimus. Atque ab eiusdem Sancti exemplis patrocinioque hunc fructum fidenter petimus, ut e populo christiano quotidie plures animum, consilia, amorem ad Jesum

leur zèle, leurs desseins, leur amour au Christ Sauveur, principe le plus élevé et le plus auguste de tout salut.

Les présentes Lettres conserveront leur validité dans les temps futurs, nonobstant tout ce qui pourra être fait à l'encontre par qui que ce soit.

Nous voulons que les exemplaires copiés ou même imprimés de ces Lettres, pourvu qu'ils soient signés de la main d'un notaire public et munis du sceau d'un personnage constitué en dignité ecclésiastique, fassent foi comme si l'on avait sous les yeux les Lettres présentes.

Donné à Rome, auprès de Saint-Pierre, sous l'anneau du Pêcheur, le 28 novembre 1897, la vingtième année de Notre Pontificat.

A. Card. MACCHI.

Christum servatorem referant, omnis salutis summum augustissimumque principium. Praesentibus perpetuis futuris temporibus valituris. Non obstantibus in contrarium facientibus quibuscumque. Volumus autem, ut praesentium litterarum transumptis seu exemplis etiam impressis, manu alicuius Notarii publici subscriptis, et sigillo personae in ecclesiastica dignitate constitutae munitis, eadem prorsus fides adhibeatur quae adhiberetur ipsis praesentibus, si forent exhibitae vel ostensae.

Datum Romae apud S. Petrum sub annulo Piscatoris die XXVIII novembris MDCCCXCVII, Pontificatus Nostri anno vicesimo.

A. Card. MACCHI.

(Reproduction d'un tableau du Saint à l'Ara Cæli de Rome)

La grande voix de Léon XIII vient d'attirer l'attention du monde catholique sur un humble de la terre et le donner comme patron spécial aux œuvres et associations eucharistiques.

Cette fleur a été cueillie dans le parterre séraphique.

Pascal Baylon naquit le 17 mai de l'année 1540, à Torre Hermosa, petit bourg du royaume d'Aragon. On lui donna au baptême le nom de Pascal, parce qu'il était venu au monde le jour de *Pâques de la Pentecôte* : c'est ainsi qu'en Espagne on désigne la fête de la Pentecôte.

A peine eut-il atteint sa septième année, que son père lui confia la garde d'un troupeau.

Le petit berger avait une tendre dévotion envers Marie ; il avait sculpté son image sur sa houlette, et il portait toujours sur lui une tablette sur laquelle était peinte encore l'image de la Reine des cieux.

Pour satisfaire sa piété envers sa bonne Mère, il conduisait souvent son troupeau en un lieu solitaire, d'où il apercevait un ermitage qui lui était dédié sous le vocable de Notre-Dame de la Serra.

L'enfant se faisant remarquer par sa vertu précoce, un homme riche et pieux voulut l'avoir à son service.

Il était le plus soumis et le plus fidèle des bergers. Jamais il ne transigeait avec sa conscience.

Le chef des bergers, homme peu scrupuleux, lui demanda, un jour, d'aller cueillir quelques grappes de raisin dans la vigne voisine : « Oh ! répondit aussitôt l'enfant, j'aimerais mieux me laisser couper en morceaux que de mettre jamais la main sur le bien d'autrui. »

Pascal était pauvre ; il trouvait le moyen, toutefois, de faire l'aumône à ceux qu'il voyait plus pauvres que lui. Quoique à un âge bien tendre, il jeûnait fréquemment, portait de rudes cilices et se donnait de sanglantes disciplines. La prière et l'oraison faisaient ses délices, et il mérita d'être souvent ravi en extase.

L'enfant avait grandi, et, comme ses parents s'entretenaient, en sa présence, de son avenir et de celui de ses frères, se demandant quelle part ils pourraient bien assigner à chacun, Pascal répliqua : « Pour moi, je ne veux absolument rien, car je me prépare à devenir religieux. »

Son maître était si charmé de ses vertus et de ses qualités, qu'il lui offrit de l'adopter pour son fils et de le faire son héritier ; il refusa. Il s'éloigna, même, de son pays, espérant qu'il lui serait plus tôt permis de mettre à exécution le dessein qu'il avait d'entrer en religion.

Il quitta, en effet, son maître, et se dirigea vers le royaume de Valence. Il avait alors vingt ans.

Saint Pierre d'Alcantara, de l'Ordre des Frères Mineurs, venait de fonder deux couvents dans ce royaume, l'un dédié à saint Joseph, l'autre, situé près du bourg de Montfort, dédié à Notre-Dame de Lorette.

C'est près de ce dernier couvent que Pascal vint se fixer au service d'un riche fermier. Le jeune homme se mit aussitôt sous la conduite des disciples de saint François. Dans le pays, on reconnut bien vite sa piété, et après quelque temps, on ne l'appelait plus que *le saint berger*.

Son bonheur était d'assister aux saints offices du couvent des Observants[1]. Mais, comme la garde des troupeaux ne lui permettait d'entendre la sainte messe que le dimanche, il se dédommageait, tous les matins, en s'unis-

---

1. La Bulle *Felicitate* (4 octobre 1897) a supprimé les noms d'Observants, Réformés, Récollets et Alcantarins ou Déchaussés, pour rendre à ces religieux le nom pur et simple de *Frères Mineurs*, selon l'institution de saint François.

sant d'intention aux messes qui étaient célébrées par les religieux. Quand la cloche annonçait l'élévation, le pieux berger se prosternait à terre et adorait Jésus dans son sacrement d'amour. Voici comment le Dieu de l'Eucharistie, un jour, le récompensa de sa foi et de son amour envers l'auguste Sacrement.

La cloche du couvent venait d'annoncer que la sainte victime, à la voix du prêtre, était descendue sur l'autel. Pascal, alors retenu aux champs, se prosterna selon son habitude et adora. Mais, comme il se relevait, fixant les yeux vers le ciel, ô prodige ! la sainte hostie lui apparut dans les airs renfermée dans une custode que soutenaient deux anges.

Les vœux du pieux jeune homme n'allaient pas tarder à être exaucés. En 1564, il demanda et obtint l'habit de Saint-François, au couvent de Lorette[1] ; il était alors âgé de vingt-quatre ans. Ses vertus le firent bien vite remarquer de tous ses frères. Ses supérieurs songeaient à faire de lui un religieux de chœur, mais lui, s'estimant trop honoré d'être admis dans l'Ordre en qualité de frère lai, sollicita la grâce de rester dans cette humble condition.

Dans tous les couvents où il fut envoyé, Pascal se montra un modèle parfait d'obéissance, d'humilité et de charité.

L'amour de la pénitence et des austérités, qu'il avait eu

---

1. Saint Pierre d'Alcantara était mort depuis deux ans quand saint Pascal prit le saint habit religieux.

(Reproduction d'une statue vénérée dans l'église de Saint-Pascal, à Chiaio)

dès l'âge le plus tendre, se développa tous les jours davantage à l'école des religieux formés par saint Pierre d'Alcantara. En vrai disciple de saint François, il avait un culte plus prononcé pour la sainte pauvreté. La prière le plongeait presque toujours dans le ravissement et l'extase. Il lui arrivait même d'être surpris dans cet état, au jardin, quand il travaillait, et au réfectoire, quand il servait ses frères.

Mais c'est surtout par sa grande dévotion à l'Eucharistie que Pascal se fit toujours remarquer. Tous les moments que lui laissaient ses fonctions, il les passait au pied du Tabernacle. Il lui suffisait d'approcher du saint autel pour entrer aussitôt dans un doux ravissement ; on aimait à le regarder, le visage tout rayonnant d'une lumière surnaturelle, et on ne s'étonnait plus de le voir s'élever au-dessus de terre.

On peut comprendre que c'est tout particulièrement quand il s'agenouillait au sacré banquet, que l'amant de l'Eucharistie paraissait tout transfiguré. A peine Jésus était-il descendu dans son cœur que l'aimable saint entrait en extase.

Pascal n'avait pas reçu d'instruction, mais la divine Sagesse ayant daigné se manifester à lui, il étonnait les théologiens et les docteurs en traitant les questions les plus difficiles et les plus élevées de la théologie et de la mystique.

Il composa même plusieurs traités sur la nature et les perfections de Dieu, sur les mystères de la sainte Trinité, de l'Incarnation et de l'Eucharistie. Il avait la *science des saints*. C'est ce qui faisait dire à un célèbre théologien de ce temps, Jean de Ribera, archevêque de Valence : « A quoi nous servent nos longues et laborieuses études, puisque les pauvres d'esprit deviennent plus savants par la pratique de l'humilité et de l'oraison, que nous en fatiguant nos yeux et en consumant notre vie sur les livres ? Ils s'élèvent au ciel, tandis que nous, nous rampons sur la terre ; leur simplicité leur fait acquérir le royaume éternel, tandis que notre science, enflée d'orgueil, nous donne lieu de craindre d'en être bannis à jamais. »

En 1576, les supérieurs de Pascal le chargèrent d'une mission très délicate. Il traversa la France, alors désolée par les calvinistes. Durant son voyage, il eut à subir de la part des hérétiques des injures et des mauvais traitements de toute sorte. Un jour, près d'Orléans, il fut arrêté par des huguenots, qui lui posèrent cette question : « Disnous, papiste, si Dieu est présent dans l'hostie que vous consacrez. » Le frère répondit aussitôt d'une voix ferme : « Oui, Notre-Seigneur Jésus-Christ est aussi réellement et véritablement présent dans l'hostie consacrée qu'il est au ciel. »

Les hérétiques, furieux d'une réponse si claire et si convaincue, l'insultent et le frappent.

Ils espèrent que, peut-être, par des arguments, ils arriveront à démontrer la fausseté de l'Eucharistie et à lui faire renier sa foi ; mais l'humble frère, éclairé de la sagesse d'en haut, répond à leurs sophismes par des raisons péremptoires. Il est alors chassé et poursuivi à coups de pierre. Aucune ne l'atteint, car Dieu le protège ; ce prodige remplit d'étonnement et de confusion les hérétiques endurcis, mais sans les convertir.

Une autre fois, comme il cheminait, l'esprit et le cœur appliqués à la prière, un cavalier fondit tout à coup sur lui, et le menaçant de son épée : « Où est Dieu ? » lui cria-t-il ; Pascal, sans s'émouvoir, répondit aussitôt : « Dieu est au ciel. » Le cavalier était huguenot et il fut satisfait de la réponse. Ce n'est qu'après que cet étrange personnage se fut éloigné que le saint comprit la réponse qu'il aurait dû faire : « Dieu est au ciel... et dans l'Eucharistie. » En continuant sa route, il disait, en sanglotant : « Malheureux que je suis ! j'ai perdu l'occasion de mourir pour soutenir la vérité d'un mystère si cher à mon cœur. Ah ! Seigneur, sans doute, je n'étais pas digne de verser mon sang pour une si belle cause ! »

Le fidèle serviteur de Dieu quitta cette terre d'exil le 17 mai 1592, au jour de la fête de la Pentecôte, au moment précis de l'élévation de la grand-messe qui était célébrée au couvent. Il était âgé de cinquante-deux ans. L'amant de Jésus-Hostie était désormais admis au divin banquet des noces éternelles.

Mais tandis que sa dépouille mortelle était exposée dans l'église et que les religieux chantaient la messe pour le repos de son âme, Dieu permit un prodige. Au moment de l'élévation de la sainte Hostie, Pascal ouvrit les yeux et adora le très saint Sacrement. Le même prodige se renouvela à l'élévation du calice ; les fidèles, venus nombreux pour vénérer les restes du saint, en furent les heureux témoins. Les historiens rapportent les nombreux miracles que le saint opéra après sa mort, des guérisons, des résurrections même. Il apparut souvent miraculeusement, et dès 1609 on remarqua un prodige étonnant. Des coups, *i colpi di san Pascale,* se firent parfois entendre du fond de son tombeau, et on ne tarda pas à constater que les coups retentissants annonçaient des événements fâcheux, des malheurs publics, tandis que les petits coups présageaient des événements heureux ou annonçaient que les grâces sollicitées par l'intercession du saint étaient accordées.

De nombreux témoins, dignes de foi, ont prouvé la réalité de ce prodige, confirmé d'ailleurs par la liturgie franciscaine[1]. Il savait *frapper* opportunément pour convaincre les hésitants.

Deux religieux de la Compagnie de Jésus, étant venus prier près de sa châsse, exprimaient leur doute sur ce phénomène surnaturel, quand une pieuse femme les ayant entendus, fit au saint cette prière : « Grand saint, c'est maintenant le moment de frapper un bon coup pour éclairer ces religieux. » Aussitôt, un grand coup retentit et les deux religieux eurent foi aux *coups* de saint Pascal.

Il est à remarquer que ce même fait merveilleux s'accomplissait souvent quand, en présence des reliques du saint, on invoquait le très saint Sacrement.

---

1. Voir plus loin l'hymne de *Laudes* de l'office de saint Pascal.

Un jour, un religieux célébrait la sainte messe à l'autel de saint Pascal ; le servant étant allé à la sacristie, et le moment de l'élévation était venu, le saint frappa un grand coup pour avertir les fidèles d'adorer Jésus descendu sur l'autel.

A Altamura, dans le royaume de Naples, on avait placé, dans l'église des Frères Mineurs, un tableau représentant saint Pascal. Comme un prêtre célébrait le saint mystère, au moment de la consécration, l'image du saint parut s'animer, et les fidèles purent voir son visage se tourner, modeste et respectueux, vers la sainte Hostie, en signe d'adoration.

Les biographes racontent qu'une autre fois, pour citer un dernier trait, le frère sacristain du couvent de Villareal était passé deux fois précipitamment devant le saint Sacrement, *sans faire* la génuflexion ; à la troisième fois, un grand coup retentit, parti de la châsse de saint Pascal. Le frère, convaincu de sa négligence envers l'auguste Sacrement, se prosterna humblement, demanda pardon à Jésus de son irrévérence et remercia le saint de l'avoir rappelé à son devoir.

Faut-il s'étonner, après ces quelques traits, pris çà et là dans la vie de saint Pascal, que ce fidèle disciple de saint François, si dévot à l'Eucharistie, ait été choisi par Léon XIII comme patron des Congrès et Associations eucharistiques ?

Honorons, comme il convient, ce grand saint, et demandons-lui de nous faire participer à sa foi vive et à sa piété ardente envers l'Eucharistie.

HYMNES A SAINT PASCAL BAYLON

Hymne des premières Vêpres

Læta devote celebret Mino-
    rum
Turba Paschalem, recolens fre-
    quenter
Quam pio, sanctam venerans
    Synaxim,
    Arsit amore.

Dum puer pascit pecus iste
    seque
Pane jam pasci cupit Angelo-
    rum,
Hunc in excelsis meruit patente
    Cernere cælo.

Jugiter sacras inhians ad aras,
Dum cibum vitæ meditatur, hæ-
    ret
Totus et sancto liquefactus igne
    Lucet et ardet.

Increpans hostes Fidei fidelis,
Pane, ait, Christum recipi sa-
    crato ;
Martyrem non dat gladius, sed
    ipsum
    Prompta voluntas.

Que l'ordre des Mineurs célèbre joyeusement Pascal et se rappelle de quel tendre amour il était enmbrasé quand il adorait le très saint Sacrement.

Encore enfant, il gardait son troupeau ; comme il était plein du désir de recevoir le Pain des Anges, il vit les cieux s'ouvrir et lui présenter à découvert l'Hostie sainte.

Toujours affamé d'être au pied de l'autel, pendant qu'il médite sur le Pain de vie, il est ravi en extase et des rayons lumineux trahissent le feu dont il brûle.

S'adressant aux ennemis de notre foi : « C'est Jésus-Christ, dit-il, qu'on reçoit sous le pain consacré ! » Et si le glaive ne fit pas alors de lui un martyr, sa volonté pourtant était prête à recevoir le coup mortel.

Qui quoad vixit, coluit super-
num
Tam pie Panem : reserat beatos
Morte jam clausos oculos velut-
que
Vivus adorat.

Lui qui toute sa vie vénéra si pieusement le Pain céleste, après sa mort il ouvrit encore les yeux et l'adora comme s'il eût été vivant.

Christe, Paschalis meritis, ut
omnes
Corde nos mundo facias, preca-
mur,
Cælica ut digne mereamur esca
Sæpe cibari.
Amen.

Seigneur Jésus, nous vous en prions par les mérites de saint Pascal, rendez notre cœur pur, afin que nous puissions souvent nous nourrir de l'aliment céleste.
Ainsi soit-il.

Hymne de Matines

Splendor Paternæ gloriæ
Adesto. Jesu, servulis,
Ut queis micarit moribus
Paschalis, orbi concinant.

Splendeur de la gloire du Père, ô Jésus, aidez vos petits serviteurs à chanter à l'univers l'éclatante beauté des vertus de Pascal !

Illum dies hæc aurea
Terris refulgens attulit,
Hæc et decorum laurea
Victrice cælis retulit.

C'est à pareil jour (jour heureux et beau s'il en fut !) qu'il a été donné à la terre ; c'est en ce jour aussi qu'il est remonté aux cieux avec la palme du triomphe.

Adhuc puer virtutibus
Excultus est nitentibus,
Pia, modesta, sobria,
Puraque vita claruit.

Tout enfant, son âme est déjà brillante de vertus, sa vie est une merveille de piété, de modestie, de tempérance et de pureté.

Fervens Minorum postmodum
Ingressus arctas semitas,
Nil ad sinistram Regulæ,
Ad dexteramve deviat.

Entré plus tard, plein de ferveur, dans les rudes sentiers de la vie franciscaine, il marcha toujours droit dans le chemin de la Règle sans dévier jamais.

Hinc sancta membra sæviter
Flagris cruentis purpurat,
Nullisque fœdat sordibus
Casti pudoris lilia.

Pour s'y maintenir plus sûrement, il ensanglante par de cruelles flagellations ses membres innocents ; il ne flétrit jamais par la moindre souillure le lis délicat de sa virginité.

Christum sequendo pauperem,
Nil præter hunc desiderat ;
Sed mundo in hoc ditescere
Sola cupit penuria.

Il suit le Christ dans son dénûment, ne désirant rien que ce doux Maitre, ou plutôt il ne désire être riche en ce monde que de pauvreté.

Ad usque mortem firmiter,
Ut vere et ipse obediat,
Vitæ subit discrimina,
Ne quando subdi desinat.

Pour vivre jusqu'à la mort, lui aussi, comme Jésus, d'une vie de véritable et continuelle obéissance, il supporte les désagréments de la vie, de peur de cesser d'obéir.

Jesu, tibi sit gloria,
Merces perennis pauperum,
Qui mente pura et simplici
Jussis tuis obtemperant.
Amen.

O Jésus, éternelle récompense des pauvres qui vous servent toujours avec un esprit pur et droit, ô Jésus, à vous la gloire ! Ainsi soit-il.

Hymne de Laudes

Quam se Deus mirabilem
Paschale in almo prædicet,
Noster chorus, miracula
Ejus recensens, concinat.

Que Dieu est admirable dans saint Pascal, chantons-le en chœur, en racontant les miracles de notre frère.

Adest vocatus omnibus,
Repente curat languidos ;
Parata queis sunt funera,
A mortis aufert faucibus.

Accouru à la voix qui l'appelle, en un instant il guérit les langueurs, il arrache aux portes de la mort ceux dont on préparait déjà les funérailles.

Hunc dum fides non hæsitans
Matris dolentis invocat,
En surdus audit protinus,
Cæcusque cernit filius.

Une mère éplorée l'invoque avec une foi vive, et la surdité de son enfant disparaît ; celui qui était aveugle ouvre les yeux à la lumière.

Cæsum secure, sustinet
Quem vix cutis pars, indicem
Ipsum sacerdos deprecans
Statim recepit integrum.

Au prêtre qui le supplie, il rend aussitôt à son premier état l'index qu'une hache avait coupé et qu'un lambeau de peau retenait seul à la main.

Terram colonus aridam
Semel ligone percutit,
Jugisque fontis rivulum
Armento et agris obtinet.

Il suffit au laboureur de frapper une fois de son hoyau la terre desséchée, pour obtenir à ses troupeaux et à ses champs une source et un ruisseau d'eau vive.

Liquor sacro ex cadavere
Manat suavis triduo,
Qui sanat insanabiles
Morbos, tumores, ulcera.

Une douce liqueur, après son trépas, pendant trois jours, s'écoule du bienheureux cadavre, et par elle sont guéris les maladies, les tumeurs, les ulcères jusque-là incurables.

Custos beati corporis
Auditur arca pulsibus
Lenis sonare in prosperis,
Rebus tonare in tristibus.

Dans la châsse qui garde le saint corps, on entend frapper de légers coups pour annoncer les événements heureux ; dans les malheurs, il en sort comme un bruit de tonnerre.

Almo precante famulo
Cor, Christe, nostrum suscita,
Ne quando pulses januam,
Stulto sopore torpeat.
                    Amen.

A la prière de votre grand serviteur, ô Christ, que par vous notre cœur soit ressucité, de peur qu'il ne soit engourdi dans une folle torpeur, lorsque vous viendrez frapper à sa porte.
                    Ainsi soit-il.

ORAISON

Deus, qui beatum Paschalem Confessorem tuum mirifica erga corporis et sanguinis tui sacra mysteria dilectione decorasti ; concede propitius, ut quam ille ex hoc divino convivio spiritus percepit pinguedinem, eamdem et nos percipere mereamur. Qui vivis et regnas Deus in sæcula sæculorum. Amen.

O Dieu, qui avez favorisé le bienheureux Pascal, votre Confesseur, d'un amour extraordinaire envers les mystères sacrés de votre corps et de votre sang : faites, par votre miséricorde, que nous méritions de recevoir la même abondance de grâces qu'il a puisée dans ce divin banquet. Vous qui, étant Dieu, vivez et régnez dans les siècles des siècles. Ainsi soit-il.

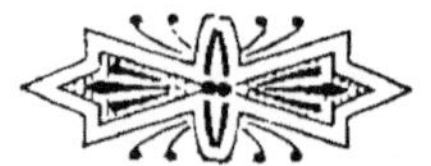

Quelques Fleurs Séraphiques

Saint Pascal Baylon n'est pas le seul, dans l'Ordre des Frères Mineurs, qui se soit fait remarquer par sa tendre dévotion à l'Eucharistie.

Avant et après lui, plusieurs saints et bienheureux de l'Ordre furent tout particulièrement dévots au très saint Sacrement et méritèrent, même dès ce monde, les faveurs du ciel.

Nous cueillons quelques fleurs, que nous offrons aux amis de l'Eucharistie.

Saint François d'Assise avait une dévotion si grande pour la sainte Eucharistie, qu'il en voyait comme le rayonnement dans le prêtre lui-même, et déclarait que s'il rencontrait un ange et un prêtre, il commencerait par saluer le prêtre, à cause du pouvoir qui le met au-dessus des anges : c'est pour la même raison que, dans le partage du monde catholique, qu'il fit entre ses premiers disciples, il se réserva la France, à cause de la grande dévotion de cette nation pour le sacrement de nos autels. A la sainte Messe, quand le prêtre élevait l'Hostie sainte, le séraphique François, le cœur tout embrasé d'amour, récitait cette prière : « Seigneur mon Dieu, Père céleste, jetez vos regards sur le glorieux visage de votre Christ, et prenez pitié de moi ainsi que de tous les autres pécheurs ! Pour leur amour, votre Fils béni et Notre-Seigneur a daigné mourir ! Pour leur salut et leur consolation, il a voulu fixer sa demeure au milieu de nous, dans le saint Sacrement de l'autel ! Vous, Père, qui êtes un seul Dieu avec Lui et le Saint-Esprit dans les siècles des siècles ! »

Sainte Claire d'Assise était clouée depuis de longues années sur un lit de douleur, édifiant la fervente communauté de Saint-Damien par son angélique patience, quand un jour les Sarrasins vinrent assiéger son humble monastère. Ses filles consternées accoururent se réfugier autour d'elle. Claire les rassure, ranime leur confiance en Dieu, et se fait porter devant le saint Sacrement : là, elle répand son âme dans une fervente prière mêlée de larmes, et supplie le divin Maître de préserver son humble famille ; on entendit aussitôt une voix merveilleusement douce sortir de la sainte Hostie, et dire : « Je veillerai toujours sur vous. » Et Claire, obéissant à une inspiration divine, prend entre ses mains la custode sacrée et la présente par la croisée aux infidèles, qui déjà commençaient à dresser les échelles contre les murailles du monastère. Une panique générale s'empare aussitôt des assiégeants et ils prennent la fuite. On vit plusieurs fois, au moment de la communion, un enfant d'une incomparable beauté venir se reposer entre les bras de notre sainte.

Saint Bonaventure, assistant un jour à la sainte messe, gémissait en silence, se croyant indigne de s'approcher de la sainte table : au moment de la communion, la sainte hostie vint elle-même se placer sur les lèvres de notre jeune saint. Trente ans plus tard, il était cardinal de la sainte Église, et une maladie mortelle était venue l'atteindre pendant le concile de Lyon dont il était une des lumières : il allait mourir, et la nature de sa maladie ne lui permettait pas de recevoir le saint Viatique; Bonaventure demande humblement la faveur d'adorer une dernière fois son Sauveur sous les voiles eucharistiques, et pendant cette suprême adoration, on voit l'hostie sainte s'échapper des mains du prêtre, se poser sur la poitrine du malade et disparaître.

L'Eucharistie, disait le Docteur séraphique, est la médecine des malades, le pain de chaque jour des voyageurs, la force des faibles, la joie des forts, la santé des infirmes, l'antidote des maladies. Par elle, l'homme devient plus doux dans le châtiment, plus patient dans le travail, plus ardent dans l'amour, plus actif dans la vigilance, plus prompt à obéir et plus fervent dans les actions de grâces.

Saint Antoine de Padoue était à Bourges; à sa voix, la plupart des hérétiques étaient convertis; un seul s'obstinait et eut l'audace de lui dire qu'il ne croirait à la présence réelle que s'il voyait sa mule abandonner un boisseau d'avoine pour venir adorer le saint Sacrement. Antoine passa trois jours dans les prières et dans les larmes, et se rendit à l'heure fixée avec la sainte Eucharistie sur la place où l'attendait l'hérétique avec la mule, qui n'avait rien mangé depuis l'avant-veille ; on plaça devant elle un boisseau d'avoine : « Au nom de Jésus-Christ, lui dit Antoine, je t'ordonne de venir te prosterner devant lui et l'adorer dans le saint Sacrement que je tiens entre mes mains, afin de prouver à tous les hommes qu'à la voix du prêtre il descend sur nos autels. » La mule abandonna son avoine et vint se prosterner devant la divine Eucharistie dans l'attitude de l'adoration.

Sainte Marie-Françoise des Cinq-Plaies reçut de nombreuses faveurs de la part du divin Maître présent sur nos autels ; plusieurs fois, assistant à la sainte messe, elle reçut par le ministère des anges la petite portion d'hostie consacrée que le prêtre met dans le calice ; et dans deux circonstances, au moment de la communion des fidèles, la sainte hostie s'échappa du ciboire et vint se poser sur sa langue.

Sainte Colette de Corbie étant à Hesdin et assistant à la sainte messe, se présenta un jour à la grille du chœur pour faire la sainte communion ; le prêtre termina la messe sans s'en apercevoir et entra dans la sacristie. Notre-Seigneur apparut tout à coup, ouvrit le tabernacle et donna de sa main la communion à sa sainte épouse, puis. après avoir replacé le ciboire dans le tabernacle, il disparut. laissant dans l'admiration les religieuses témoins d'une telle merveille.

La Bienheureuse Angèle de Foligno fut favorisée de sept visions sur la sainte Eucharistie : elle put contempler le Sauveur à travers les espèces sacramentelles, tantôt sous la forme d'un enfant merveilleusement beau, tantôt ensanglanté, crucifié et mort, tantôt environné d'une gloire ineffable. Un matin qu'elle désirait vivement communier et ne pouvait recourir à un prêtre, les anges lui apportèrent eux-mêmes la divine hostie.

Le Bienheureux Nicolas Factor tombait en extase en distribuant la sainte communion aux fidèles. Un jour, tandis qu'il faisait sa préparation devant une statue de la sainte Vierge, cette divine Mère lui apparut et lui dit d'aller commencer immédiatement le saint sacrifice. Nicolas se rendit aussitôt à la sacristie, et tandis qu'il se revêtait de ses ornements, on vit à côté de lui saint François qui lui présentait le cordon, et saint Dominique qui lui tendait la chasuble.

La Bienheureuse Élisabeth Bona était gravement malade et attendait que son confesseur vînt lui porter la sainte communion, après avoir communié trois religieuses à la grille du chœur, lorsque Notre-Seigneur lui-même, entouré d'une multitude d'anges, lui apporta l'hostie que le confesseur avait réservée pour elle.

Le Bienheureux Mathieu d'Agrigente, un des premiers promoteurs de la dévotion au saint Nom de Jésus, sut trouver dans son amour de la sainte Eucharistie la force pour supporter les plus terribles épreuves. Au jour de ses funérailles, quand il fut déposé au milieu de l'église, on vit son cadavre se dresser sur son séant, joindre les mains, adorer avec ferveur le saint Sacrement, et se recoucher ensuite dans son cercueil.

Le Bienheureux Jean de Parme célébrait avec tant de ferveur la sainte messe, qu'il mérita d'avoir, un jour, un ange du ciel pour la lui servir.

Le Bienheureux François de Fabriano ne montait à l'autel qu'après une longue et fervente oraison : un jour qu'il avait célébré la messe de *Requiem*, on entendit à la fin plusieurs voix répondre avec allégresse à l'*Amen* du *Requiescant in pace* ; c'étaient les âmes délivrées par le saint Sacrifice, qui entraient dans l'éternelle félicité.

Mais c'est surtout à la fin du seizième siècle que les Frères Mineurs ont affirmé leur amour pour la divine Eucharistie; les hérétiques en massacrèrent plusieurs centaines pour leur foi à la présence réelle. Les **Martyrs de Gorcum** ont été canonisés, et la vénération entoure le souvenir des autres.

A Brive, **Étienne des Bordes** et **Antoine de Bellevue** sont massacrés dans les Grottes mêmes de Saint-Antoine.

A Mirebeau, en Poitou, couvent célèbre entre tous par la fidélité de ses religieux à la règle des Frères Mineurs. **Nicolas Clémenteau** et **Léon Thorigné** préférèrent mourir avec tous leurs frères, plutôt que de renier la présence réelle.

A Orthez, les huguenots saccagèrent le couvent des Cordeliers le 13 août 1569; **un Religieux** célébrait la messe au moment où ces forcenés enfoncèrent la porte de l'église : promptement il consomme les saintes espèces, et emportant le calice qu'il n'a pas eu le temps de purifier, il s'enfuit vers le fond du jardin, au-dessous duquel passe le Gave entre deux blocs de rocher, assez rapprochés, que l'on voit encore. Le religieux croit pouvoir atteindre la rive opposée, mais ses forces le trahissent. et il est englouti par les flots; du Gave, il passe dans l'Adour : de l'Adour, dans la Nive, qui baignait les murs des Cordeliers de Bayonne ; c'est là que vint flotter le cadavre du martyr. Il tenait encore le calice dans sa main.

Il faudrait plusieurs volumes pour raconter des traits aussi édifiants tirés des Annales de l'Ordre de Saint-François.

Que le doux et suave parfum de ces quelques fleurs séraphiques rende plus ardent l'amour des âmes pieuses envers l'Eucharistie, « centre et foyer lumineux de la religion chrétienne ».

LIGUGÉ (Vienne)

IMPRIMERIE SAINT-MARTIN

M. BLUTÉ

LIGUGÉ (Vienne)

IMPRIMERIE SAINT-MARTIN

M. BLUTÉ

9 782012 844353